Mon imagier des animaux de Guyane

français - kréyol

Photos : **Thierry Montford**
Mise en page : **Anne-Cécile Boutard**

plumeverte

Mammifères - Manmifèr

Pécari à collier - Pakira

Agouti - Agouti

Capybara - Kapiaye

Zébu - Bèf

Tatou - Tatou

Tapir - Maypouri

Myrmidon - Lèche-main

Tamendua - Ti tamanwar

Coendou - Potopic

Paresseux - Dos boulé

Singe écureuil - Sapajou

WOUHWOU

Singe hurleur - Baboun

Capucin brun - Makak

Opposum

Chien crabier - Chyen crabié

Loutre géante - Tig dilo

Jaguar - Tig

Ocelot - Chat tig

RRrrrrrrr

Jaguarondi - Tig nwe

Lamentin - Vache dilo

Oiseaux - Zwèzo

Héron strié - Annoré sandré

Jacana noir - Tchen tchen

Talève favorite - Pouldo

Hoazin - Sassa

Ibis touge - Flanman rouj

Ara rouge - Ara rouj

Ara bleu - Ara blé

Amazone - Jako krik

Buse - Paganni

Toui - Périch

Ibijau - Eg-lanwit

Ani - Zozo djab

Martin-pêcheur - **Marten pecho**

Colibri - Zozo mouch

Calliste passevert - Dofiné

Tangara évêque - Blée

Coq de roche - Kok-roch

Toucan toko - Toukan patyvié

Kikiviiiiiiiii

Tyran quiquivi - Kikivi

Reptiles - Rèptil
Batraciens - Grénouy

Tortue charbonnière - Toti terre

Tortue luth - Toti la mè

Tortue verte - Karet

Boa canin - Faux jacquot

Boa constricteur - Koulèv terre

Caïman à lunettes - Féfé

Iguane - Léza

Uracentron - Léza

Dendrobate - Krapo serjan

Bong

Grenouille - Grénouy

Rainette - Grénouy

Rainette - Grénouy

Phylloméduse - Grénouy

Arlequin de Cayenne

Mygale - Arengnen krab

Fourmi - Fronmi

Papillon - Papiyon

Morpho

Poissons - Posson

Anableps - Gros yeux

Tarpon - Palika

Atipa - Atipa bosco

Poisson tigre - Aymara

Piranha - Piraye